Hartmut Ellrich

Das kleine Buch der sächsischen Burgen & Festungen

Rhino Westentaschen-Bibliothek
Band 101

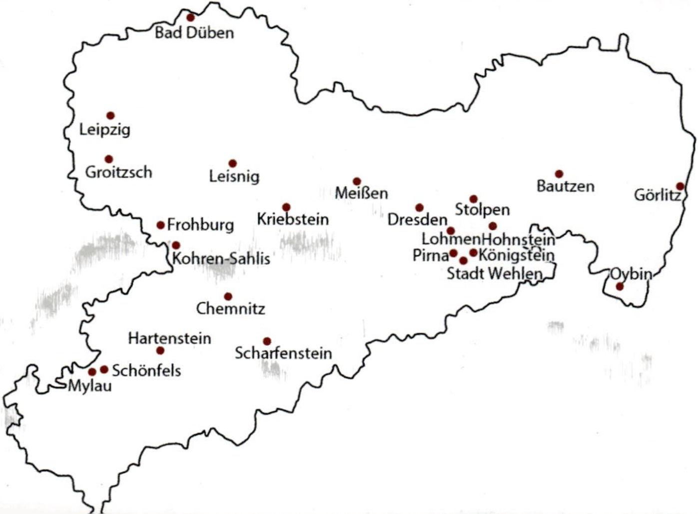
Bad Düben
Leipzig
Groitzsch
Leisnig
Meißen
Bautzen
Görlitz
Kriebstein
Dresden
Stolpen
Frohburg
Kohren-Sahlis
Lohmen
Hohnstein
Pirna
Königstein
Stadt Wehlen
Oybin
Chemnitz
Hartenstein
Scharfenstein
Schönfels
Mylau

Hartmut Ellrich

Das kleine Buch der SÄCHSISCHEN BURGEN & FESTUNGEN

RHINOVERLAG

Titel: Festung Königstein im Herbst (Sliver, AdobeStock)

Seite 2: Verlag grünes herz; Seiten 10/11, 19, 37, 73/73: Jörg Blobelt (CC BY-SA 4.0 Deed); Seite 13: Jens-Michael Bierke; Seiten 21, 24, 56, 60/61, 66/67, 88/89: Hartmut Ellrich; Seiten 27, 91: Ben Walther; Seite 30: DanielGu (gemeinfrei); Seite 33: Rolo-l (CC BY-SA 3.0 Deed); Seiten 40/41: Norbert Kaiser (CC BY-SA 4.0 Deed); Seite 43: FrDr (CC BY-SA 4.0 Deed); Seite 48: Mewes (gemeinfrei); Seiten 51, 74/75: Kora27 (CC BY-SA 4.0 Deed); Seite 54: H.-P.Haack (CC BY-SA 3.0 Deed); Seite 65: GZagatta (CC BY-SA 4.0 Deed); Seiten 79, 85: Kora27 (CC BY-SA 3.0 DE Deed); Seiten 80/81: Norbert Kaiser (CC BY-SA 3.0 Deed); Seite 93: unbekannter Maler (gemeinfrei)

Impressum

© 2024 RhinoVerlag Dr. Lutz Gebhardt & Söhne GmbH & Co. KG
Am Hang 27, 98693 Ilmenau
Tel.: 03677 / 46628-0, Fax: 03677 / 46628-80
www.RhinoVerlag.de

Layout, Satz: Ute Schmidt, Geraberg
Schrift: Arno Pro
Titelgestaltung: Jana Rogge, Weimar

1. Auflage 2024

ISBN: 978-3-95560-101-0

INHALTSVERZEICHNIS

EINLEITUNG

Herzlich willkommen, liebe Leserinnen und Leser, im Reich der sächsischen Burgen, Festungen und Anlagen, die an der Schwelle von der Burg zum Schloss stehen. Das prominenteste Beispiel dafür ist die Albrechtsburg in Meißen: eben noch ganz wehrhaft und doch schon repräsentativ. Und Meißen bietet noch mehr: Geballte europäische Geschichte in einer Grenzlandschaft zu den Sorben, zu Polen und Böhmen. 23 Objekte finden Sie auf den folgenden Seiten, darunter einstige Haus und Königsgüter der Salier und Staufer, Residenzen der Wettiner, Burgen der Standesherren und solche des niederen Adels. In manchen residierten Könige und Kaiser, andere wurden von niederen Adligen, den Ministerialen verwaltet. Manche Familie lebte über 500 Jahre an Ort und Stelle, andere wechselten oftmals ihren Besitzer oder ihre Funktion. Viele private Objekte wurden nach 1945 mit der Bodenreform enteignet und so wertvolle Traditionslinien vernichtet, wieder andere wurden archäologisch untersucht und touristisch neu erschlossen. In vielen Fällen haben staatliches und privates Engagement dazu geführt, dass Gebäude erhalten wurden und heute viele neue Erkenntnisse liefern. Ohne tatkräftige Vereine wie den Verein Brühlsche Terrasse e.V. in Dresden oder die private Deutsche Stiftung Denkmalschutz in Bonn und Berlin wären zahlreiche Aufgaben gar nicht zu stemmen. Einen großen Beitrag leistet der Freistaat in Eigenregie mit den Staatlichen Schlössern, Burgen und Gärten und seinem „Schlösserland Sachsen". Er trägt dazu bei, Orte und Objekte mit Leben zu füllen, sei es mit Sonderausstellungen oder attraktiven Angeboten der Museumspädagogik für Jung und Alt. Kommen Sie mit auf eine spannende Reise durch Sachsen von Bad Düben im Norden bis nach Görlitz und Oybin im Osten und Südosten unweit der polnischen und tschechischen Grenzen. Beim Blick in die Geschichte werden die heute wieder offenen Staatsgrenzen fließend und die europäische Geschichte eint mehr, als dass sie trennt.

BURG DÜBEN (BAD DÜBEN)

Bei Düben denkt man unweigerlich ans „Dübener Ei". Der 1936 von Max Würdig in seiner charakteristischen Form entwickelte Wohnwagen – offiziell „Würdig 301" – machte die nordsächsische Stadt am Rande der Dübener Heide schlagartig bekannt. Weniger kuschlig mag da der Aufenthalt in der Burg gewesen sein, die heute ein sehenswertes Landschaftsmuseum der Dübener Heide birgt. 981 wurde die Burg mit ihrem slawischen Namen „dibni" von Bischof Thietmar von Merseburg – einem der bedeutendsten Chronisten seiner Zeit – erstmals urkundlich erwähnt. Sie liegt auf einem Wall aus der Bronzezeit über dem Steilufer der Mulde und schützte den Flussübergang einer der wichtigsten Fern- und Handelsstraßen von Leipzig nach Wittenberg. Die Burg bildete zugleich das Zentrum des Ortes Düben. Ihre politisch-strategische Lage ließ die Burg Düben zwischen dem 11. und 13. Jh. ständig zum Streitobjekt zwischen Magdeburg und Merseburg werden. 1115 befand sich Burg Düben nach der Schlacht am Welfesholz für neun Wochen in der Gewalt Wiprechts III. von Groitzsch. Er verwendete sie als Stützpunkt in seinem Kampf gegen Kaiser Heinrich V. Die Sachsen sahen sich im eigenen Land vom süddeutsch-salischen Königshaus bedroht, das im sächsischen Kernland am Harz Krongut zurückgefordert hatte und zahlreiche neuerrichtete Burgen mit Ministerialen schwäbischer Herkunft besetzte. Burg Düben geriet in den Fokus dieser Auseinandersetzungen. Tatsächlich datieren die ältesten Bauteile der Burg heute ins frühe 13. Jh. (Bergfried von 1206). 1450 wurde Burg Düben im Sächsischen Bruderkrieg vollständig zerstört, jedoch 1458 von Hans Löser von Rehfeld wieder aufgebaut. Von 1478 an gehörte Düben den Wettinern – zunächst den Ernestinern, ab 1547 dann den Albertinern. Bereits 1530 war in der Burg das kursächsische Amt Düben eingerichtet worden. 1533 fand hier der erste

Gerichtstermin der „Kohlhaasschen Händel“ statt, bei denen der Berliner Kaufmann Hans Kohlhase auf dem Weg zur Leipziger Messe durch Günther von Zaschwitz beraubt worden war. 1554 wirkte Philipp Melanchthon junior als Amtsvorsteher in Düben. 1699 starb die vermeintliche Hexe Elisabeth Mann

Burg Düben, Sicht von Nordosten

im „Hexenkeller“ des Bergfrieds an den Folgen der Folter. Zu den gekrönten Häuptern, die sich in der Burg aufhielten gehörten Gustav Adolf von Schweden (1631), Friedrich II. von Preußen (während des Siebenjährigen Krieges) und Kaiser Napoleon (1813). Napoleon richtete hier für kurze Zeit sein Hauptquartier ein und befehligte den Aufmarsch seiner Truppen zur Völkerschlacht bei Leipzig. 1815 wurden Düben preußisch, gehörte nach dem Zweiten Weltkrieg zu Sachsen-Anhalt und ab 1952 zum Bezirk Leipzig. Zu den „Höhepunkten“ der Burg gehört der Aussichtsturm „Lug ins Land“. Einen Besuch lohnt auch die Bergschilfmühle auf dem Gelände des Museums. Direkt am Zugangsweg zur Burg liegt das NaturparkHaus Dübener Heide als Anlaufpunkt und außerschulischer Lernort mit interaktiven Dauer- und Wechselausstellungen.

Heute befindet sich in der Ortenburg das Sorbische Museum. Interessant für Besucher ist das Burgtheater, die Gaststätte „Burghof“ und der für Gruppen besteigbare „Matthiasturm“.

Blick vom Protschenberg auf die Ortenburg

ORTENBURG (BAUTZEN)

Die Ortenburg ist die Landesburg im Herzen der Oberlausitz. Sie liegt auf einem abfallenden Granitplateau über der Spree und beherrscht die westliche Stadtsilhouette der Stadt Bautzen. Entstanden war sie als Stammburg der Milzener oberhalb einer Furt über die Spree und in der Nähe des Schnittpunktes mehrerer wichtiger Handelsstraßen (Via Regia, Via Francigena). Erstmals erwähnt wurden Stadt und Burg im Jahr 1002 in der Chronik des nachmaligen Bischofs Thietmar von Merseburg. In jenem Jahr hat-

te Boleslaw I. Chrobry, Herzog von Polen, die Stadt erobert. Boleslaw I. stammte aus der Familie der Piasten und versuchte seinen Herrschaftsgebiet auf das Territorium der Lausitz und Meißens zu erweitern. Die Meißner ihrerseits hofften durch Boleslaw I. die heidnischen Stämme der Milzener und Lusitzi besser kontrollieren zu können. Stattdessen brach zwischen König Heinrich II. und Boleslaw ein offener Konflikt aus, bei dem Heinrich als König des Ostfrankrenreiches mit den Lutitzen gegen den Polenherzog zu Felde zog. Doch der Polenherzog wehrte sich erfolgreich. Mit dem Frieden von Merseburg 1013 erhielt er die Lausitz und das Milzenerland als Reichlehen. Durch den Frieden von Bautzen 1018 endeten die Auseinandersetzungen zwischen Boleslaw I. und Heinrich II. Der Frieden wurde auf der Ortenburg geschlossen Die Burg wurde 1144 als Grenzburg der Markgrafen von Meißen angelegt, doch schon ab 1158 stand die Stadt unter böhmischer Herrschaft – übrigens bis 1635! Um 1400 wollte der Landvogt auf der Burg einen neuen Turm bauen, jedoch führten Auseinandersetzungen zwischen ihm und der Bautzener Bürgerschaft zu einer Zweckveränderung der bereits gebrochenen Steine. Sie wurden für den Lauenturm verwendet. Erst ein durch den böhmischen König Wenzel in Prag erwirkter Baustopp schuf Tatsachen. 1401 und 1441 führten Brände zu großen Zerstörungen der Burg, die unter Matthias Corvinus zwischen 1483 und 1486 unter Verwendung älterer Baureste völlig neu errichtet wurde. Der ungarische König hatte die Nachfolge des böhmischen Königs Podiebrad angetreten und 1469 die Herrschaft über Bautzen erhalten. Das gewaltige, neun Meter hohe Denkmal von Briccius Gauske für Matthias Corvinus von 1486 blieb am Matthiasturm der Burg erhalten. Den Burgneubau errichtete Georg von Stein. Doch auch diese Burg blieb von Zerstörungen im Dreißigjährigen Krieg 1620/21, 1634 und 1639 nicht verschont. Der Wiederaufbau zog sich bis 1651 hin, damit auch der Wandel von der Burg zum Schloss. Zunächst wirkte Ezechiel Eckhardt, später Oberlandbaumeister Johann Georg Starcke am Gebäude. Die kreuzrippengewölbte Torhalle enthielt die Wachstube im Geschoss darüber und die Schlosskapelle im zweiten Obergeschoss. Im Hauptgebäude prägen heute Starckes Treppenhaus von 1678 und die reich verzierte Stuckdecke des ehemaligen Audienzsaales von Giulio Vanetti und Giovanni Cometa von 1662 das Erscheinungsbild. Den Außenbau zieren seit 1698 die prächtigen Zwerchgiebel und ein frühestens 1697 entstandenes, barockes Balkongitter mit den Initialen „AR“ für Augustus Rex – August den Starken als Sächsischen Kurfürsten und nunmehrigen König von Polen. 1698 erfolgte auch der Baustopp an der Ortenburg, denn Dresdens prunkvoller Ausbau zur barocken Haupt- und Residenzstadt verschlang Unsummen. Unter preußischer Besatzung während der Schlesischen Kriege wurde im Schloss eine Feldbäckerei eingerichtet. Im Wechsel zogen nun Preußen und Österreicher ein. In den 1780er-Jahren wurden alte Gräben verfüllt, eine Straße und zusätzliche Toreinfahrt angelegt. Am Burghof entstanden Korn- und Salzhaus sowie ein Magazingebäude. 1835 zog eines von vier Appellationsgerichten Sachsens in die Ortenburg. 1849 tagte hier das erste Geschworenengericht Sachsens. 1971 wurde im Salzhaus das Sorbische Museum eröffnet. Die Burg wurde in den 1990er-Jahren saniert und restauriert. Heute ist hier das Sächsische Oberverwaltungsgericht untergebracht.

BURG RABENSTEIN (CHEMNITZ)

Die kleinste Burg Sachsens liegt heute im gleichnamigen Chemnitzer Stadtteil Rabenstein. Mit Burg Rabenstein hat sich eine typische Ringwasserburg aus der zweiten Hälfte des 12. Jh. erhalten. Sie lag an der Straße von Chemnitz nach Altenburg und gehörte 1301 Cunradus de Rabenstein. Die erhaltene Oberburg, eine unregelmäßige Anlage, liegt auf einer rund 15 Meter hohen Felsklippe und wurde nachträglich um die heute zerstörte Unterburg und einen Wassergraben ergänzt. 1336 gelangten Burg und Herrschaft Rabenstein an die reichsunmittelbaren Herren von Waldenburg, die über weiten Besitz westlich von Chemnitz verfügten. Mit der Herrschaft Rabenstein war die Vogtei über das Kloster und die Obergerichtsbarkeit über die Stadt Chemnitz verbunden. 1375 verkauften die Herren von Waldenburg die Herrschaft an das Benediktinerkloster Chemnitz. Tatsächlich hatten sich jedoch die Markgrafen von Meißen 1336 vom Kaiser die Eventualbelehnung mit der Herrschaft Rabenstein zusichern lassen, da Rabenstein seinerzeit als Reichslehen galt. Nach dem Verkauf der Herrschaft an das Kloster Chemnitz hatten die Markgrafen ihrerseits die Burggrafen von Leisnig mit Rabenstein belehnt und versuchten dadurch den Verkauf der Herrschaft Rabenstein an das Kloster Chemnitz rückgängig zu machen. Die Auseinandersetzungen erlebten in der Rabensteiner Fehde ihren Höhepunkt. 1396 erkannte Markgraf Wilhelm von Meißen schließlich die selbständige Herrschaft des Klosters Chemnitz über Rabenstein an. 1483 wurde die Burganlage unter Abt Caspar von Meckau infolge eines Brandes umfänglich erneuert und von den Äbten des Klosters bewohnt. Aus dieser Zeit stammt neben dem runden Bergfried noch der zweigeschossige Palas. Nach der Reformation fiel Rabenstein an die sächsischen Kurfürsten, die 1546 die Herrschaften Rabenstein und Chemnitz vereinigten. Die Oberburg drohte mehr und mehr zu verfallen, bis sie 1619 durch den Verkauf an den kurfürstlichen Oberforst- und nachmaligen Landjägermeister (ab 1626) Hans Georg von Carlowitz gerettet war. 1624 erhielt

---

Burg Rabenstein ist die kleinste mittelalterliche Burg Sachsens.

der Palas seine barocke Haube (erneuert 1950) und das Obergeschoss des Palas wurde 1623/24 erneuert. Im dort befindlichen kleinen Rittersaal haben sich Malereien aus der Zeit des Frühbarock erhalten. Die Fresken zeigen Jagdmotive. 1774 erwarb der Chemnitzer Textilkaufmann Johann Georg Siegert die Burg und das Grundstück. Westlich der Burg ließ Siegert 1776 in unmittelbarer Nachbarschaft ein kleines zweigeschossiges, schlossartiges Herrenhaus errichten. Dessen Nachfahre Maximilian von Welck ließ auf dem Gelände der früheren Unterburg zwischen 1809 und 1838 einen englischen Landschaftspark errichten. Der letzte Besitzer und Fabrikant Matthé Paul Herfurth wurde 1945 enteignet. Er hatte 1903 an der Burg noch Umbauarbeiten im Stil des Neobarock durchführen lassen. 1950 gelangte Rabenstein in den Besitz der Stadt Chemnitz. Die Stadt ließ 1955/56 Restaurierungsmaßnahmen an der Burg durchführen. Weitere folgten in den 1980er- und 1990er-Jahren. Seit 1959 ist die Burg als Museum zugänglich. Sie gehört zum Schlossbergmuseum Chemnitz. Die Burg gehört nebst dem nahe gelegenen Wildgehege zu den beliebtesten Ausflugszielen der Region.

FESTUNG DRESDEN

„Balkon Europas" – Diesen wundervollen Beinamen hat die Brühlsche Terrasse. Heinrich Graf von Brühl – Minister und Günstling zweier Kurfürsten – ließ sie 1739 als privaten Lustgarten jenseits seines prächtigen Palais errichten. Man muss schon genauer hinschauen oder unterhalb am Terrassenufer entlang

Moritzmonument von Hans Walther II
(Brühlsche Terrasse, Festung Dresden)

gehen, um einen Eindruck von den letzten Resten der landesherrlichen Dresdner Festungsanlage zu bekommen, deren Bau 1519–1529 unter Herzog Georg dem Bärtigen begonnen worden war. 1545 ließ Herzog Moritz diesen Festungsring erweitern. Ihm zu Ehren entstand an der östlichen Mauer der Bastion das Moritzmonument, Dresdens ältestes Renaissancedenkmal. Es war das erste Denkmal für einen Wettiner. Herzog Moritz hatte in der Schlacht bei Mühlberg 1547 für die Albertiner die Kurwürde erlangt. Unter ihm wurde Dresden als Residenz ausgebaut. Das heute verkleinerte Denkmal misst 6 m x 2,50 m und hat seit 1895/96 seinen Platz an der südöstlichen Ecke der Brühlschen Terrasse. 1548–1555 wurden die Festungsanlagen unter Kurfürst August weiter verstärkt. 1559 folgte die Grundsteinlegung für das Zeughaus am Standort des heutigen Albertinums. Teile der Anlage des Gebäudes von Caspar Vogt von Wierandt blieben erhalten. Unweit – am heutigen Georg-Treu-Platz – entstand 1589 die Jungfernbastei unter Paul Buchner. 1591/92 folgten die Kasematten. Mit ihnen war die Festung „Neu-Dresden" vollendet. Über diesen Kasematten ließ Graf Brühl seinen Garten errichten. Die Höfe der Bastion wurden dabei zugeschüttet. Die darunter liegenden Festungsanlagen blieben so wie durch ein Wunder bewahrt, zumal 1814 mit dem Bau der gewaltigen Freitreppe am Schlossplatz die Brühlsche Terrasse für jedermann zugänglich wurde. 1707 erfand Johann Friedrich Böttger in der Jungfernbastei das europäische Porzellan. Später wurden in den Kasematten Getränke und Lebensmittel gelagert. Erst 1990 konnten die Bereiche unter der Brühlschen Terrasse für die Öffentlichkeit zugänglich gemacht werden. Eine besondere Sehenswürdigkeit ist dort das letzte erhaltene Dresdner Stadttor in Gestalt des Ziegel- oder Schifftores. Tastsächlich reichte die Elbe im 16. Jh. noch bis an die Stadtmauer heran. Als 1763 die Festungsanlagen unnötig geworden waren, sollte eine Demolierungskommission die Anlagen schleifen. Das aber scheiterte seinerzeit am Geldmangel. 1991–93 wurden weite Teile der Festungsanlagen um die Brühlsche Terrasse freigelegt und von Schutt und Steinen befreit. 1998 wurde der kleine Kanonenhof wieder zugänglich. Unter der Brühlschen Terrasse blieben Wendeltreppen, Wehr- und Gewölbegänge erhalten. Pionierarbeit daran hatte seit 1991 der „Dresdner Verein Brühlsche Terrasse e.V.". Seit 2019 zeigt das Museum „Festung Xperience" hier die Ausstellung „Feste, Dramen und Katastrophen". Es ist Teil des reichen Kulturerbes Sachsen und gehört zur Verwaltung der Staatlichen Schlösser, Burgen und Gärten.

Festung Dresden

BURG GNANDSTEIN (FROHBURG)

Burg Gnandstein auf einem Höhenzug im malerischen Wyhratal gilt als besterhaltene romanische Burganlage Sachsens. Ihre Existenz verdankt sie dem Schutz zweier Straßen: der von Leipzig nach Chemnitz und der zweiten von Naumburg nach Böhmen. Als Bauherren wirkten wohl die von Schladebach als Ministerialen des Markgrafen Dietrich von Meißen. Sie ließen um 1200 eine annähernd rechteckige Ringmauer und einen ersten Wohnturm errichten. Zwischen 1220 und 1230 entstand der viergeschossige Palas. Der dort befindliche Rittersaal blieb als einer von wenigen in Sachsen in seiner romanischen Gestalt erhalten. Gegen Mitte des 13. Jh. wurden eine Zwingmauer vor der Ringmauer sowie der 33 Meter hohe Bergfried errichtet und mit dem Bergfried ein möglicher sicherer Zufluchtsort für Notzeiten geschaffen. Der Eingang lag in acht Metern Höhe. Um 1317 verließen die von Schladebachs die Burg nach Konflikten mit den Wettinern. 1327 fand sich Gnandstein im Besitz einer Nebenlinie der Burggrafen von Leisnig. Die Bauarbeiten am Bergfried, der um 1410 ein weiteres Geschoss mit der Türmerstube aufnahm, erfolgten bereits unter den neuen Burgherren: der alten Ministerialenfamilie von Einsiedel. 1409 waren sie mit der Herrschaft Gnandstein belehnt worden. Die Burg und ein zugehöriges Rittergut blieben bis 1945 ununterbrochen in Familienbesitz. Unter Heinrich Hildebrand von Einsiedel wurde die Burganlage Ende des 15. Jhs. repräsentativ ausgebaut und umgestaltet. Dazu gehörte der Kapellenbau über dem südlichen Wehrkeller sowie ein Wendelstein und Wohngebäude auf der Südseite des Burghofes. Heinrich Hildebrand, der auch den Beinamen „der Fromme" trägt, wirkte als sächsischer Gesandter, Statthalter und Rat. Als Rat diente er fünf Kurfürsten. Er wurde von Luther für seine Friedensvermittlung in der Reformationszeit zwischen den sächsischen Höfen gelobt, doch dabei drohte ihm, wegen der Nähe zu den Reformatoren, sein Lehen zu verlieren. 1535 war er alleiniger Herr auf Gnandstein, das er zuvor mit seinem Bruder innegehabt hatte. Von Einsiedel

---

Eingang zur Burg Gnandstein

wirkte als Wohltäter, wollte die Frondienste abschaffen und errichtete eine Stiftung, mit der er seine Dorfbewohner durch Geldzahlungen unterstützte. Deren Zinsen wirkten bis ins 20. Jh. hinein. In der von ihm geschaffenen Burgkapelle blieben drei von

ihm 1501 gestiftete, künstlerisch hochrangige Altäre aus der Werkstatt Peter Breuers erhalten, darunter der Marienaltar, der spätgotische Annenaltar und der Bartholomäusaltar. Ebenfalls aus der Spätgotik blieb das Gestühl aus Eichenholz in Gestalt eines klösterlichen Chorgestühls erhalten. Jüngeren Datums ist der Ostflügel von 1680 im Bereich der ehemaligen Kemenate, die im Dreißigjährigen Krieg 1632 durch die Schweden zerstört worden war. Anfang des 18. Jhs. ließen die von Einsiedel den gotischen Südflügel barock umgestalten. Zu den Besonderheiten gehört der Aufenthalt Kaiser Karls V., der 1547 auf dem Weg nach Mühlberg/Elbe in Gnandstein übernachtete. 1813 hielt sich der Schriftsteller Theodor Körner auf der Burg auf, wo er seine Pflegeschwester Julie als Ehefrau des Burgherrn besuchte. 1932 eröffneten die von Einsiedels ein erstes Heimatmuseum in der Burg. Im Zuge der Bodenreform verloren sie jedoch Gnandstein. Heute gehört die Burg dem Freistaat Sachsen. Neben den Museumsräumen bietet seit 2004 die Sammlung Groß 338 sehenswerte Kunstwerke von Malerei, Plastik, Porzellan und Möbeln, die als Schenkung nach Gnandstein kamen.

REICHENBACHER TURM & KAISERTRUTZ (GÖRLITZ)

Das schlesische Görlitz ist reich an mittelalterlichen Zeugnissen, darunter die Stadttore Nikolaiturm, Finstertor und Reichenbacher Turm am Demianiplatz. Mit den zugehörigen Stadtmauern halfen sie die Stadt gegen Eindringlinge zu schützen. Immerhin lag Görlitz am Kreuzungspunkt von Hoher Straße (Via Regia) und Böhmischer Straße. Waid und Tuche wurden gehandelt. Mit dem Waidhandelsmonopol für den Vertrieb des Thüringer Färberwaids erwarb Görlitz eine Vormachtstellung für den gesamten Osten. Von größter Bedeutung war der 1346 gegründete Sechsstädtebund mit Bautzen, Zittau, Löbau, Kamenz, Lauban und Görlitz. Hauptstadt wurde Bautzen, wichtigstes Mitglied aber war Görlitz. Der Bund wirkte für 200 Jahre als mächtigste politische Institution der Oberlausitz. Der erstmals 1376 erwähnte und 1484/85 um den zylindrischen Oberbau ergänzte Reichenbacher Turm ist mit seinen 51 Metern zugleich der höchste der drei erhaltenen Wehr- und Wachtürme der Stadt. Er vereint bis heute zwölf Wappen in zwei Reihen, die auch auf die Mitglieder des Sechsstädtebundes hinweisen. Zum Vorwerk des Reichenbacher Tores gehörte der gewaltige Kaisertrutz, eine von einstmals 32 Basteien um die Stadt. Er wurde zwischen 1490 und 1520 als Geschützbastion des Reichenbacher Tores errichtet. Eine doppelzügige Stadtmauer half Feinde abzuwehren. Die Anlagen im Westen der Stadt schützten die Via Regia und halfen im Dreißigjährigen Krieg tatsächlich dem Kaiser und den Sachsen zu trotzen, die die Stadt belagert hatten. Grund: die Schweden hielten die Stadt und den Kaisertrutz besetzt. Trotzig war übrigens auch die Mauerstärke des Kaisertrutz' von bis zu 4,7 Metern. Tatsächlich wurde die Stadt mehrfach belagert und geplündert. Größere Schäden blieben aber aus. Erst 1815 fiel Görlitz an Preußen, nachdem bis in den Dreißigjährigen Krieg hinein die Böhmen und danach die Sachsen die Landeshoheit innegehabt hatten. 1848 bis 1850 wurde der Kaisertrutz zur Hauptwache des preußischen Militärs umgebaut und erhielt seine charakteristische Gestalt mit

---

Reichenbacher Turm in Görlitz

Ecktürmen und Säulenhalle. 1932 trat an die Stelle der militärischen die museale Nutzung als Teil des Kaiser-Friedrich-Museums. Als der Hauptbau 1945 im östlichen Teil der Stadt an Polen fiel, blieb für die Städtischen Sammlungen nur der 1948 wiedereröffnete Kaisertrutz übrig. In seinen Mauern fand 2011 die Dritte Sächsische Landesausstellung „Via Regia – 800 Jahre Bewegung und Begegnung" statt. Heute vereint der Bau auf fünf Etagen und 2.500 m^2 Ausstellungsfläche die Stadt- und Regionalgeschichte, die „Galerie der Moderne" und bietet Raum für Wechselausstellungen.

Reste der mittelalterlichen Wiprechtsburg in Groitzsch.

WIPRECHTSBURG (GROITZSCH)

Rund 30 km südwestlich von Leipzig liegt Groitzsch mit der Wiprechtsburg. Sie erhielt durch Wiprecht d. Ä. ihren Namen und gehört, auf einem Geländesporn liegend, zu den größten Anlagen der Region. „Groitzsch" ist slawischen Ursprungs und verweist auf einen befestigten Ort. Die ältesten Teile der Burg

datieren ins 10. Jh., wobei wenige Grabungsfunde bereits auf Siedlungsspuren in der Zeit des Neolithikums hinweisen. 1073 gelangte die Burg Groitzsch durch Tausch an Markgraf Wiprecht d. Ä. Da er sich zunächst im Groitzscher Raum nicht politisch durchsetzen konnte, ging er an den Hof des böhmischen Fürsten Vratislavs II., wurde dessen Berater und unterstützte ihn bei dessen Erlangung der böhmischen Königswürde 1085. Im gleichen Jahr heiratete er Judith, die Tochter Vratislavs und Swatanas von Polen. Zur ihrer Mitgift gehörte u. a. das Gebiet der Oberlausitz um Bautzen. 1087 wurde der gemeinsame Sohn Wiprecht III. d. J. geboren. Die Burganlage besteht aus der zwischen 1080 und 1120 entstandenen Hauptburg von 110 m x 180 m und einer Vorburg von 150 m x 100 m. Die Hauptburg besaß zwei Türme. Wiprecht d. Ä. starb 1124 im Kloster St. Jacob in Pegau und wurde auch dort bestattet. Nach Abbruch der Klosterkirche 1556 wurde der kostbare Kenotaph in die Stadtkirche St. Laurentius in Pegau versetzt. Wiprechts gleichnamiger ältester Sohn Wiprecht III. war bereits 1116 verstorben. 1144 starb das Haus Groitzsch aus und die Herrschaft fiel an den Wettiner

Markgraf Dedo V. Nach Dedos Tod 1190 gelangte Groitzsch zunächst an den ältesten Sohn Dietrich und ab 1207 dann an Konrad II. Dieser starb bereits 1210, ohne einen männlichen Erben zu hinterlassen. Bereits 1306/07 wurde die Wiprechtsburg zerstört und blieb lange unerwähnt. Ihre Reste dienten den Bevölkerung als Baumaterial. Erst 1849 wurden die baulichen Reste wiederentdeckt, darunter eine bemerkenswerte romanische Rundkapelle sowie Reste eine runden Wohnturms aus Bruchsteinmauerwerk. Der Turm war ursprünglich hälftig in die Wallanlage eingebunden und ist heute bis in eine Höhe von etwa drei Metern erhalten. 1959 bis 1977 wurden die Reste der Burg untersucht und freigelegt. Das Vorbild der Rundkapelle soll in Prag zu suchen sein. Das Mauerwerk wurde teilweise rekonstruiert und weist heute eine Höhe von vier Metern auf. Der Grundriss zeigt zwei verschieden große, ineinander gefügte Kreise. Ein Vergleichsbau hat sich im Leipziger Land in Kulkwitz-Knautnaundorf erhalten.

BURG STEIN (HARTENSTEIN)

Burg Stein ist ähnlich Burg Kriebstein eine Burganlage wie aus dem Bilderbuch und gilt als eine der schönsten Burganlagen des Muldetales. Sie besteht aus Ober- und Niederburg und liegt teils auf einem Felsen am nördlichen Ufer der Zwickauer Mulde. In ihrer Anlage vereint sie den Typus von Höhen- und Wasserburg in sich. Um 1233 erschien ein Heidenreich von Grünhain genannt von Stein als Besitzer in den Urkunden, der die Ministerialenburg wohl bis 1254 besaß. Die Herrschaft über Hartenstein mit Stein hatten die Burggrafen von Meißen inne. 1406 wurde die Herrschaft Hartenstein mit Burg Stein an die Schönburger verpfändet. Seit 1439 befand sich Burg Stein dann in schönburgischem Erbbesitz. Auf Burg Stein saßen zwischen 1450 und 1632 die von Trützschler. 1455 entführte Ritter Kunz von Kauf(f)ungen (s. Burg Stein) die beiden Söhne Kurfürst Friedrichs des Sanftmütigen: Ernst und Albrecht und hielt sie in einer Höhle unweit der Burg versteckt. Als Altenburger Prinzenraub ging die Entführung in die

Geschichtsbücher ein. Die Höhle ist heute als Prinzenhöhle bekannt. Burg Stein war 1455 bereits durch doppelte Mauern gesichert, verfügte über Wehrgang, Bergfried (um 1300) und einen über einer Rundbastion errichteten Palas. Die Niederburg war im 15. und 16. Jh. unter den von Trützschlers entstanden. 1702 war die Herrschaft Stein mit Burg Stein

Sicht auf Burg Stein bei Hartenstein von der Freiberger Mulde aus Südosten

als Mittelpunkt gebildet worden. In einem Vergleich von 1740 zwischen den Schönburgern und Kursachsen verzichtete Schönburg auf Autonomierechte aus der Reichsunmittelbarkeit, heißt, auch Stein hatte ursprünglich nur dem Kaiser unterstanden. Nun aber wurden die schönburgischen Herrschaften Glauchau, Hartenstein, Lichtenstein, Stein und Waldenburg schrittweise Teile von Kursachsen. 1764 brannten Teile der Niederburg ab, wurden jedoch bis 1798 wiedererrichtet. Bis zur Enteignung 1945 blieb Burg Stein im Besitz des Hauses Schönburg-Waldenburg. Zu DDR-Zeiten diente die Oberburg als Museum, während in der Niederburg ein Erholungsheim eingerichtet wurde. 1996 kaufte Alfred Prinz von Schönburg-Hartenstein neben Ländereien auch Burg Stein zurück. In der Oberburg blieb das Burg- und Heimatmuseum der Stadt Hartenstein als Museum Burg Stein erhalten. Dort ist auch die Waffensammlung der Schönburger zu besichtigen. Im klassizistischen Fest- oder Rittersaal finden heute Konzerte und Trauungen statt.

BURG HOHNSTEIN

Bei Hohnstein denken Kinder und Junggebliebene vermutlich sofort an den Hohnsteiner Kasper und die Hohnsteiner Puppenspiele. Die hatte Max Jacob 1921 in Hartenstein im Erzgebirge gegründet. Seit 1928 haben die Puppenspiele ihre Heimat in Hohnstein, wo auf der Burg erste Vorführungen stattfanden: mit dem markanten Kasper von Theo Eggink und seinem besten Freund und Gefährten Seppel. Die malerische Kulisse der 140 Meter über dem Polenztal gelegenen Burg zog in der Weimarer Republik viele Menschen in ihren Bann. 1924 hatte der sächsische Landtag in Dresden die Burg dem Reichsverband deutscher Jugendherbergen anempfohlen, der 1926 hier eine Jugendburg mit 1.000 Übernachtungsplätzen einrichtete. Burg Hohnstein war damit die größte Jugendherberge im Deutschland der Weimarer Republik, beliebtes Ausflugs- und Übernachtungsziel inmitten der Sächsischen Schweiz.

1333 wurde Burg Hohnstein erstmals urkundlich erwähnt. 1353 fand sie sich im Besitz der böhmischen Herren Berka von der Duba. 1443 gelangte Hohnstein erstmals und 1543 letzthin an die Kurfürsten von Sachsen, blieb jedoch bis 1806 böhmisches Lehen. Vier Brände zwischen 1604 und 1662 ließen wenig historische Bausubstanz übrig. Einzig die Burgschösserei, Amt und zumeist auch Wohnhaus des Steuereinnehmers, mit ihrem charakteristischen Treppenturm, der Quadratturm und das Torhaus weisen noch auf ältere Bausubstanz hin. Die spätgotische

Blick auf Burg Hohnstein in der Sächsischen Schweiz

Burgkapelle wurde 1952 abgebrochen. Bereits unter den Wettinern diente Burg Hohnstein als Staatsgefängnis. Am 8. März 1933 wurde Burg Hohnstein von der SA-Standarte Pirna besetzt und Jugendherbergsvater Konrad Hahnewald erster „Schutzhäftling“ der Burg. Rund 5.600 Menschen – politische Gefangene des NS-Staates – waren hier bis zur Auflösung am 15. August 1934 interniert. Die Auflösung dieses ersten sächsischen Konzentrationslagers erfolgte 1934 noch auf internationalen Druck hin. Dennoch waren über

140 Inhaftierte an den unmenschlichen Lebensbedingungen und Folterungen gestorben. Die Insassen schufteten etwa für den Bau des nahe gelegenen „(Groß-) Deutschlandrings“. Zwischen 1935 und 1939 nutzte die Hitlerjugend die Burg als Reichsjugendherberge. Mit Beginn des Zweiten Weltkrieges wurde hier erneut ein Lager eingerichtet. Rund 800 polnische und französische Offiziere wurden in Hohnstein interniert. 1949 eröffnete wieder eine Jugendherberge auf der Burg, zudem eine Gedenkstätte. Zum Ende der

SED-Herrschaft 1989 sollten hier 890 Regimegegner interniert werden. Heute befindet sich auf der Burg neben der Jugendherberge auch ein Hotel sowie ein Burgmuseum, das über die wechselvolle Geschichte informiert. Zu den „Höhepunkten" gehört ganz sicher der Aussichtsturm mit einem Rundblick in die Sächsische und Böhmische Schweiz. Das nahe gelegene Kasperhaus, in dem nach 1933 die Puppenbühne ihre Heimstatt erhielt, wurde in den letzten Jahren renoviert und ist seit März 2013 wieder beliebte Spielstätte des Hohnsteiner Kaspers. Zu den Besonderheiten auf Burg Hohnstein gehört das alljährliche Hohnsteiner Puppenspielfest im Juni. Es bietet Aufführungen für alle Altersgruppen. Im September bietet das Mittelalter-Spektakel ungeahnte Einblicke. Ein historischer Markt mit Handwerkern und Händlern entführt in längst vergangene Zeiten. Die Burg bietet heute eine Kombination aus Hotel und Herberge. Angeschlossen ist ein Burgcafé, das zum Verweilen einlädt. Um die Burg künftig noch attraktiver zu gestalten wird sie in mehreren Schritten bis 2030 umfassend saniert.

FESTUNG KÖNIGSTEIN

„Castrum in lapide regit" – Burg auf dem Stein des Königs heißt es 1241 in einer ersten Urkunde über die nachmalige Festung Königstein. Ausgestellt hatte sie König Wenzel I. von Böhmen für das Hochstift Meißen als Grenzurkunde. Das böhmische Lehen umfasste das Amt Königstein der Stadt Königstein, dem Lilien- und Winterstein sowie acht Dörfer. 1359 hielt sich Kaiser Karl IV. für 14 Tage auf dem König-

Nationalpark Sächsische Schweiz mit Festung Königstein

stein auf. Dieser gelangte Ende des 14. Jhs. an Thimo von Colditz und nach der Dohnaischen Fehde 1406 erstmals an die Wettiner. Diese verpfändeten ihn im 15. Jh. jedoch mehrfach. Erst 1459 fiel Königstein unter Anerkennung der böhmischen Lehnsherrschaft in dauerhaften Besitz der Wettiner. Die Festungsanlage war auf einem rund 9,5 Hektar großen Felsplateau, rund 240 Meter über der Elbe und 361 Meter über dem Meeresspiegel entstanden. Aus dem Mittelalter stammen im Kern noch Kaiserburg, Brau- und Berghaus, die unter den Wettinern aus- und umgebaut wurden. Kurfürst August ließ 1563–69 durch seinen Bergbaumeister Planer einen 152,5 Meter tiefen Brunnen in den Sandstein treiben. Es ist der zweittiefste Burgbrunnen Europas nach dem der Reichsburg Kyffhausen mit einer Tiefe von 176 Metern. Die Brunnensohle liegt rund 88 Meter über dem Elbspiegel. Der eigentliche Umbau zur Festung erfolgte 1589 unter Kurfürst Christian I. mit der Christiansburg (die spätere Friedrichsburg). 1594 konnte das Alte Zeughaus fertiggestellt, 1619 die zur Georgenburg umgebaute Kaiserburg eingeweiht werden. 1621/22 folgte der Umbau des Brauhauses in das Renaissanceschlösschen der Magdalenenburg, 1631 der Bau des Neuen Zeughauses. Vom repräsentativen Charakter der Georgenburg blieb im Inneren nichts erhalten. Es heißt, dass das Innere reich mit Jagdtrophäen ausgeziert war, darunter wohl 141 „Hirschköpfe". 1669–71 errichtete Wolf Caspar von Klengel die Georgenbastion. 1698 und 1712 besuchte Zar Peter I. die Festung Königstein. August der Starke plante 1722 den Bau eines barocken Schlösschens und fertigte dazu eine eigene Skizze. Allerdings ließ er im gigantischen Keller der Magdalenenburg zwischen 1722 und 1725 ein Riesenfass errichten. Die Pläne lieferte Matthäus Daniel Pöppelmann. Das Fass aus Eichenholz hatte ein Fassungsvermögen von 2600 hl. Damit war das Königsteiner Fass um 500 hl größer als das heute berühmte des Heidelberger Schlosses, verschwand jedoch schon 1819. Ähnlich Heidelberg besaß es obenauf eine Tanzfläche für 30 Paare. Während des Dresdner Maiaufstandes 1849 floh König Friedrich August II. mit seiner Familie auf die Festung Königstein und ließ den Aufstand mit preußischen Truppen niederschlagen. Zu den hier immer wieder internierten Gefangenen („Sächsische Bastille") gehörte damals Michael Bakunin (1849/50). Bereits 1706/07 war der Erfinder des europäischen Porzellans Johann Friedrich Böttger hier interniert worden, 1874 der Politiker und Sozialdemokrat August Bebel. In den Kriegen von 1870/71 sowie in den beiden Weltkriegen wurden auf dem Königstein Kriegsgefangene, darunter im Zweiten Weltkrieg hohe französische Offiziere, interniert. Die Keller dienten wiederholt als Verwahrorte der Dresdner Kunstschätze. Bereits im Siebenjährigen Krieg waren hier die wertvollen Gemälde der Dresdner Gemäldegalerie eingelagert. Das Staatsgefängnis bestand bis 1922 fort. Heute besuchen rund eine halbe Million Menschen jährlich den Königstein. Er befindet sich im Eigentum des Freistaates Sachsen und ist museal erschlossen. Seit 2006 bringt ein Panoramaaufzug die Besucher bequem zum Festungsplateau. Der Königstein ist ganzjährig beliebtes Ausflugsziel. Besondere Höhepunkte sind alljährlich das „Festung Königstein Open Air" im Juli und die Festungsweihnacht, die sich über alle vier Adventswochenenden erstreckt. Besonderheit ist der mit 112 m längste Adventskalender Deutschlands entlang der Alten Kaserne von 1589.

BURG KOHREN

Burg Kohren ist eine der ältesten slawischen Anlagen in Sachsen. An ihrer Stelle ließ Kaiser Heinrich I. 928 eine Burg errichten. Erstmals urkundlich erwähnt wurde Kohren 974 im Zusammenhang mit einer Schenkung des Ortes durch Kaiser Otto II. an das Bistum Merseburg. Der bekannte Chronist Bischof Thietmar von Merseburg hielt sich 1018 für zehn Tage in Kohren auf. Die Forschung vermutet, dass zu dieser Zeit ein fester Hof in Gestalt einer Burg oder eines so genannten Burgwardmittelpunktes bestanden haben müsse. 1190 wurde das edelfreie Geschlecht der Herren von Kohren als reichsfreie Besitzer der Burg genannt. 1220 wurde die Anlage in einer Fehde zwischen den Herren von Kohren und dem Markgrafen Dietrich von Meißen zerstört. Die Herren von Kohren hatten 1216 die Stadt Leipzig und die Pleißenländische Reichsritterschaft im Kampf um deren Vorherrschaft gegen Dietrich von Meißen unterstützt. Allerdings waren sie Dietrich unterlegen, der daraufhin die Kohrener Burg zerstörte. Um 1240 schien sie wiederaufgebaut zu sein. Aus dieser Zeit

Der Burgfried von Burg Kohren

stammen die beiden erhaltenen, mächtigen und weithin sichtbaren Rundtürme. Sie wurden in Bruchstein errichtet und haben jeweils einen Durchmesser von elf Metern. Berühmt war um 1300 das Burgendreieck Frohburg-Gnandstein-Kohren.

Burg Kohren war fortan ein Lehen der Markgrafen von Meißen, allerdings blieben die Herren von Kohren Burgherren. Heinrich von Kohren erlangte zwar die Gunst Heinrichs III., des Erlauchten, aber er versuchte die alten Verbindungen zur Reichsministerialität, den Burggrafen von Leisnig und dem pleißenländischen Adel zu erhalten. Kohren fiel in der Folge an die Marschälle von Frohburg und Vögte von Plauen. 1397 gelangte Burg Kohren endgültig an die Wettiner zurück. Den Bedeutungsverlust der Anlage besiegelte schließlich Hildebrand von Einsiedel auf Gnandstein im Jahr 1451. Anstelle von Kohren wurde Burg Gnandstein zum Zentrum Einsiedels. Hildebrand von Einsiedel war übrigens der Schwager des kurfürstlichen Amtmannes Kunz von Kauf(f)ungen, der 1455 von Kohren kommend in einer Fehde mit Kurfürst Friedrich dessen Söhne, die Prinzen Ernst und Albrecht aus Altenburg entführte. Kunz fühlte sich vom Kurfürsten ungerecht behandelt, prozessierte auch, war jedoch dem juristisch bestens beratenen Kurfürsten unterlagen. Die Entführung ist als Altenburger Prinzenraub in die Geschichtsbücher eingegangen. Zu Beginn des 17. Jhs. befand sich Burg Kohren im Besitz des Wolff von Löser. Kurze Zeit später (1604/05) begann der Abbruch der Burgmauern auf einer Länge von 40 Metern. Auf dem Burgengrund wurden nach dem Dreißigjährigen Krieg Wohnhäuser errichtet, die bis um 1900 bestanden. Heute prägen nurmehr die beiden Turmruinen der Bergfriede der Burg die Stadtsilhouette.

BURG KRIEBSTEIN

Burg Kriebstein gilt als schönste Ritterburg Sachsens. Am 4. Oktober 1384 wurde die Burg anlässlich der Belehnung des Ritters Dietrich von Beerwalde mit der Herrschaft Kriebstein erstmals urkundlich erwähnt. Der Marschall und Hofmeister des Markgrafen Wilhelm I. von Meißen verpflichtete sich darin, eine neue Burg zu bauen und sie dem Landesherrn offen zu halten. Dieser Neubau wurde 1407 vollendet und Dietrich von Wilhelms Nachfolger erneut mit Herrschaft und Burg belehnt, Bei den Beerwalde handelte es sich um eine einflussreiche und mächtige Ministerialenfamilie. Bis 1407 ließ Dietrich den 45 Meter hohen Wohnturm hoch über dem Zschopautal errichten. Der Turm enthielt über dem tonnengewölbten Erdgeschoss fünf Wohnetagen und ein Wehrgeschoss ganz oben. Daneben entstanden eine Kapelle sowie die umgebende Ringmauer mit einem Torhaus. Dietrich starb 1408 und hinterließ eine Tochter. Klara war in erster Ehe mit Apel Vitzthum

---

Burg Kriebstein und Zschopau Fluss.

d. Ä. verheiratet. Zu Fastnacht 1415 wurden beide durch Dietrich von Staupitz auf Reichenstein von der Burg Kriebstein vertrieben. Doch Staupitz hatte eine Landesfestung angegriffen, sodass der Landesherr Markgraf Friedrich der Streitbare von Meißen selbst eingriff, Staupitz am Ende gefangen nahm und auf der Eilenburg bis 1422 arrestierte. 1459 verkaufte Vitzthums gleichnamiger Sohn die Burg an Hans von Maltitz und Otto Spiegel. Beide bewohnten Kriebstein nicht, teilten die Burg aber quer über den Hof durch eine Mauer. Bereits 1465 gelangte Kriebstein zur Gänze an Hugold III. von Schleinitz, der als Obermarschall Herzog Albrechts des Beherzten wirkte. Hugold verpflichtete den bedeutenden Baumeister Arnold von Westfalen mit Um- und Erweiterungsbauten. Der Architekt wirkte zeitgleich auch an der Rochsburg, in Rochlitz und in Meißen, wo er die Albrechtsburg errichtete. Unter Arnold von Westfalen entstanden der Burgbrunnen, der Neubau des Küchenhauses sowie der Süd- und Südostflügel. Außerdem wurden Räume ausgemalt. 1490 starb der Burgherr und Kriebstein gelangte nach mehrfachem Besitzerwechsel (von Ende; von Schönburg u. a.)

im 16. Jh. an die von Carlowitz. Um 1545 hatte die Herrschaft Kriebstein mit den Städten Waldheim und Hartha sowie über 33 Dörfern ihre größte Ausdehnung erlebt. 1665–89 wurde die Burg unter Caspar von Schönberg d. Ä., noch einmal erweitert. Beim sächsischen Bauernaufstand 1790 stürmten aufgebrachte Bauern die Burg, um das Archiv zu stürmen und Urkunden zu vernichten. Der Aufstand wurde niedergeschlagen und die Bauern hart bestraft. 1825 erwarb Hans Carl von Arnim-Planitz Kriebstein. Sie besaßen Burg und Herrschaft bis zur Enteignung 1945. Die Bauarbeiten an der Burg erstreckten sich auf deren statische Sicherung und Veränderungen im Stil der Neugotik durch den Architekten und Landbaumeister Moritz Haenel. Der Architekt bewahrte dabei den Charakter einer adeligen Wohnburg des 15. und 16. Jhs. 1930 wurde die Burg für die Öffentlichkeit zugänglich. Nach ihrer Wiedereröffnung 1949 gehört sie heute zu den besterhaltenen Burgen Sachsens. Seit 1990/91 hat die Landesgruppe Sachsen der Deutschen Burgenvereinigung ihren Sitz in Burg Kriebstein. Rechtlich gehört Burg Kriebstein seit Januar 1993 dem Freistaat Sachsen. Die Burg dienst als vielbesuchtes Museum, als Tagungs- oder Trauort für standesamtliche und kirchliche Eheschließungen sowie als begehrte Film- und Fotokulisse.

Festung Pleißenbug 1642,
Kupferstich aus „Theatrum Europaeum“ (1643)

FESTUNG PLEISSENBURG (LEIPZIG)

„Arx nova surrexit“ steht stolz über dem Hauptportal des Neuen Rathauses in Leipzig. Zu Deutsch: „Hier erhebt sich eine neue Burg“. Diese „neue Burg“ entstand 1899–1905 auf einem Teil des Baugrunds der alten Pleißenburg. Sie war 1896 dem Abriss zum Opfer gefallen. Einzig ein Teil des alten Turmes von 1564 blieb erhalten. Er beherrscht bis heute mit seinen 114,7 Metern Höhe die Silhouette des Neuen Rathauses und der Ringbebauung. Mit zum Baugrund der alten Burg gehörte auch das an das Rathaus angrenzende und mit ihm verbundene Stadthaus (entstanden 1908–1912) sowie die benachbarte Leipziger und spätere Deutsche Bank von 1898–1900. Der Dreiecksgrundriss des Bankgebäudes folgt dabei dem Grundriss des Ostflügels der alten Pleißenburg. Die Anfänge dieser Burg liegen im 13. Jh. in der Zeit des Markgrafen Dietrich des Bedrängten. Er hatte die Festung Pleißenburg nach einer Fehde mit der Stadt Leipzig zu seiner Sicherheit errichten lassen. In dieser alten Pleißenburg fand im Sommer 1519 (27. Juni bis 16. Juli) die Leipziger Disputation statt – ein akademisches Streitgespräch, das die Universität Leipzig organisiert hatte. Die Teilnehmer waren Herzog Georg von Sachsen, Martin Luther, Philipp Melanchthon und Andreas Bodenstein/Karlstadt, Dekan der Theologischen Fakultät der Universität Wittenberg. Die Beteiligten traten dem katholischen Ingolstädter Theologieprofessor Johannes Eck gegenüber. Der Disputation voraus-

Neues Rathaus mit Turm der Pleißenburg

gegangen war 1518 eine Fehde zwischen Karlstadt und Eck, in der es um Luthers 95 Thesen und Ecks Streitschrift „Obelsci“ ging. Eck hatte daraufhin zum Streitgespräch aufgefordert, sich mit seinen Thesen jedoch hauptsächlich gegen Luthers Lehre gestellt. Zu den Teilnehmern in Leipzig gehörten neben dem Rektor der Wittenberger Universität Herzog Barnim von Pommern 200 Studenten der Wittenberger Universität Leucorea. Luther wohnte im Hause seines Druckerfreundes Melchior Lotter und predigte am 29. Juni in der Kapelle der Pleißenburg. Am Ende betrachteten sich in Leipzig beide Lager als Sieger. Dank der Veröffentlichung der Disputationstexte in Erfurt und Paris gelang es Luthers Auffassungen breit zu publizieren.
Die alte Burg aus der Zeit Luthers wurde 1549 zu Gunsten eines Neubaues abgerissen. Die Burg wandelte Baumeister Hieronymus Lotter nun zum Schlossbau. Mit seinem pfeilförmigen Grundriss gehörte der zu den Höhepunkten im Schlossbau der Renaissance. Der Schloss- und Festungsbau Pleißenburg entstand im Kern zwischen 1553 und 1565. Noch 1569 merkte Kurfürst August an, dass

die Räume des Schlosses nicht aufwendig zu gestalten seien, sei „auch In vehstungen nicht breuchlich noch nöthig" (zit. nach Gurlitt, 1896). Im Dreißigjährigen Krieg wurde die Festung 1631 durch den Grafen Tilly als obersten Heerführer der katholischen Liga erobert. Nach dem Krieg begann der zunehmende Bedeutungsverlust der Festung Pleißenburg. 1764 wurde sie von der Liste der Festungen in Sachsen gestrichen und diente als Kaserne und Verwaltungsbau. 1765 zog der Maler Adam Friedrich Oeser als erster Direktor der von Prinz Franz Xaver von Sachsen neu gegründeten Akademie für Malerei in den West- und nunmehrigen Akademiefügel. Hier traf der junge Jurastudent Goethe im Herbst 1765 auf Oeser. Die Freundschaft beider sollte lebenslang dauern. Aus der Akademie erwuchs die heutige Hochschule für Grafik und Buchkunst Leipzig. Zwischen 1794 und 1861 beherbergte der Turm der Pleißenburg die Sternwarte von Leipzig. Zwischen 1838 und 1876 hatte im Westflügel die Königlich Sächsische Baugewerkenschule ihren Sitz. 1895 erwarb schließlich die Stadt Leipzig die Pleißenburg aus dem Besitz des Königreichs und begann 1897 mit dem Abbruch der Festungsanlagen.

BURG MILDENSTEIN (LEISNIG)

Burg Mildenstein in Leisnig gehört zu den ältesten Burgen in Sachsen. Die auf einem langgestreckten Bergrücken als Spornburg rund 60 Meter über der Freiberger Mulde errichtete Anlage ist eine der großen Burganlagen Sachsens. Salier, Staufer und Wettiner hinterließen hier ihre Spuren. 1046 wurde der Burgward Leisnig erstmals urkundlich erwähnt. 1057 erhob Kaiserin Agnes die Burg neben Altenburg und Bautzen zum Königshof. Noch handelte es sich nicht um die massive Anlage, die ab 1081 emporwuchs. Damals ließ Kaiser Heinrich IV. die erste Steinburg errichten. 1084 wurde sie durch Heinrich an Wiprecht von Groitzsch übereignet. 1147 erwarb Kaiser Friedrich I. Barbarossa Leisnig zunächst als Hausgut und begann damit die Burg als Kern des Reichslandes Pleißen auszubauen. 1158 wurde sie im Zusammenhang mit einem Gütertausch Heinrichs des Löwen zum Reichsgut und als castrum bezeichnet. Die Reichsburg Leisnig wurde von Burggrafen verwaltet, die im 13. Jh. beim Zerfall der Reichsgewalt mit den

Markgrafen von Meißen beim Aufbau einer eigenen Landesherrschaft in Konflikt gerieten. Kaiser Ludwig IV., der Bayer belehnte 1329 die Markgrafen von Meißen mit Leisnig. Die Burggrafschaft endete jedoch erst 1365 mit dem Zwangsverkauf von Burg und Stadt Leisnig an die wettinischen Markgrafen. Bei der Leipziger Teilung 1485 gehörte Leisnig zum ernestinischen Sachsen. Kurfürst Friedrich III., der Weise hielt sich mit seiner Familie gern in Leisnig auf. Zu den berühmten Gästen der Stadt gehörte Martin Luther, der gleich zweimal (1522 und 1523) für jeweils fünf Tage in Leisnig weilte, wo er der örtlichen Bitte um Beratung über eine Sozialordnung entsprach. 1523 entstand daraus die Leisniger Kastenordnung als ältestes evangelisches Sozialpapier weltweit. Besonders im 16. Jh. vollzog sich der Wandel der Burg zum Schloss. 1550 bis 1550 wurde das so genannte Herrenhaus als Teil des Hinterschlosses

mit seinem charakteristischen Wendelstein im Stil der Renaissance errichtet. Zwischen 1549 und 1706 diente die Burg als sächsische Landesfestung zweiter Ordnung. 1706/07 wohnte der polnische Gegenkönig Augusts des Starken Stanislaw Leszcynski auf der Burg. Zwischen 1708 und 1723 wurde die vormalige Festung zum Gefängnis umgebaut und dien-

Burg Mildenstein über der Mulde

te rund 200 Jahre als Strafanstalt und Amtsgericht. Erst 1875 konnte der Bergfried durch den Leisniger Geschichts- und Altertumsverein restauriert und zugänglich gemacht werden. 1890 folgte ein erstes Museum, aus dem 1953 das Kreismuseum hervorging. Noch heute ist der alte Wallgraben erhalten, den eine Bogenbrücke von 1722 überspannt. Durch das äußere Burgtor und Torhaus gelangt man ins weitläufige Innere, das sich in Vorburg und Vorder- und Hinterschloss gliedert. Zu den sehenswerten Räumen gehören die im Kern noch romanische Kapelle St. Martini mit Holzbalkendecke und gotischem Chor aus der Zeit um 1400 und der Dachboden des Kornhauses, dessen Konstruktion die meisterliche Handschrift mittelalterliche Zimmermannskunst trägt. Im Bereich der Vorburg wurde 2006 das Leisniger Stiefelmuseum eröffnet. Gleich drei Riesenstiefel sind dort zu bewundern: der älteste von 1925 und zwei weitere von 1996 und 2003. Der zweite gelangte 1997 ins Guinnessbuch der Rekorde. Der jüngste hat die beachtliche Höhe von 3,90 Meter!

FELSENBURG NEURATHEN

Unter den Burgenbauten bilden die Felsenburgen eine Besonderheit. Sie gehören zu den Höhenburgen, die man in Deutschland in den Nordvogesen, dem Pfälzer Wald, aber auch in Nordböhmen und der Sächsischen Schweiz findet. Eine von ihnen ist die Felsenburg Neurathen in der Sächsischen Schweiz. Besuchern ist der Ort unter dem Namen Bastei allerdings sehr viel besser bekannt. Die 1851 entstandene Basteibrücke gehört zu den beliebtesten und meistbesuchten Orten der Sächsischen Schweiz. Unmerklich bewegen sich die Besucher dort in über 190 Metern Höhe auch im Bereich der alten Felsenburg, von der heute nur noch die steinernen Zeugnisse wie die alte Zisterne und die aus den Sandsteinfelsen ausgehauenen Räume erhalten sind. Das heute über einen Rundweg erschlossene Terrain beschreibt in seiner Grundfläche ein ca. 100 mal 200 Meter großes Rechteck, das zwischen dem Mönchstein und Rosenbettfelsen sowie Felsentor und Mardertelle liegt. 1261 taucht die Doppelburg Rathen erstmals in den Urkunden auf und wird als Sitz eines böhmischen Herrn deutscher Abstammung genannt. Streng genommen handelt es sich um zwei Anlagen: die tiefer gelegene Burg Alt-Rathen und die Höhenburg Neurathen. 1289 werden beide als castrum erwähnt – also befestigte Anlagen. Neurathen scheint deutlich älter. 1361 gehörten beiden Burgen den Herren von Michelsberg, ab 1406 den Berka von der Duba. 1469 gelangte Neurathen nach unzähligen Auseinandersetzungen in den Besitz der sächsischen Kurfürsten. Nach der Leipziger Teilung von 1485 fiel Neurathen an Herzog Albrecht von Sachsen. Die Doppelburg verfiel, wobei Neurathen in Matthias Oeders erster sächsischen Landeskarte von 1593 als „Schloß der Neue Raden" genannt wurde. Nach dem jahrhundertelangen Verfall erfolgte ab 1814 eine Neuerschließung des Terrains über eine Treppenanlage von Rathen zur Bastei. 1826 erfolgte der Bau erster Holzbrücken, die den Übergang von der Bastei zur Felsenburg ermöglichten. Das Zeitalter der Romantik hatte diesen Ort wiederentdeckt, der Besucher und Künstler gleichermaßen in seinen Bann zog. Burg Neurathen wurden in mehreren Ausgrabungsperioden systematisch untersucht. Zwischen 1932

Basteibrücke vom Ferdinandstein aus

und 1934 wurden Teile des hölzernen Wehrganges neu errichtet und in den 1950er- und 1980er-Jahren in Stahl erneuert. Eine Besonderheit stellt die in den Fels gehauene erhaltene Zisterne im Großen Burghof dar. Sie ist die größte ihrer Art in einer Felsenburg in der Sächsischen Schweiz und konnte 135.000 Liter Wasser fassen.

ALBRECHTSBURG (MEISSEN)

Auf dem Dreiecksplateau des Meißner Burgberges entstand 929 hoch über dem linken Elbufer eine erste Burg. Ihre strategische Lage zwischen Triebisch, Meisa und Elbe schien dafür ideal. Errichtet wurde diese erste Burg als östlicher Vorposten des Reiches unter König Heinrich I. als Ausgangspunkt der deutschen Herrschaft und Christianisierung im mittleren Elbegebiet. 968 gründete Kaiser Otto I. das Bistum Meißen. Die erste Markgrafenburg bestand aus Holz und war durch Palisaden bewehrt. Hier residierte um 965 auch der erste Markgraf von Meißen. 1068 findet man vor Ort eine Dreiteilung der Macht: neben den Markgrafen und den Bischof trat ein kaiserlicher Burggraf für die Reichsburg Meißen. Auf diese Weise war der Burgberg auch dreigeteilt: Die Markgrafen besaßen den nordöstlichen, die Bischöfe den südöstli-

chen und die Burggrafen den westlichen Teil. Hier lag der Zugang vom Afraberg, den die Burggrafen kontrollierten. Sie behaupteten sich bis ins 13. Jh. gegen die Wettiner. Im 14. Jh. zogen sie sich nach weiteren Auseinandersetzungen auf ihre Güter u. a. um Hartenstein im Erzgebirge zurück. Die Bischöfe residierten in Wurzen und Stolpen und errichteten erst nach 1476 eine eigene Burg auf dem Burgberg, Mit der

Albrechtsburg und Dom

Einführung der Reformation verschwanden auch die Bischöfe nach Stolpen, Wurzen und Mügeln. 1581 erlosch das alte Bistum, nachdem Bischof Johannes IX. von Haugwitz sein Amt niedergelegt hatte.
Die Markgrafen von Meißen hatten seit 1150 in einer kleinen Burg aus Bruchstein residiert. Da galt die Markgrafenburg bereits als Zentrum der höfischen Kultur. Das erbliche Lehen über die Mark Meißen erhielt Konrad der Große 1127. Es war einer jener Glücksfälle der Geschichte, denn ursprünglich hatte Kaiser Heinrich V. das Lehen an den Grafen Wiprecht II. von Groitzsch gegeben. Konrad suchte Unterstützung und fand sie in Herzog Lothar von Sachsen. Bereits 1123 hatte Lothar Konrad eigenmächtig mit der Mark Meißen belehnt. Wiprecht starb 1124, Kaiser Heinrich V. 1125. Ihm folgte Lothar von Supplinburg als römisch-deutscher König. Die Markgrafschaft Meißen war Konrad somit sicher. Die Burg Meißen wurde Stammburg des Hauses Wettin und „Wiege Sachsens". Heute trägt der jeweilige Chef des Hauses den Titel eines Markgrafen von Meißen. 1423 stiegen jene Markgrafen zu Kurfürsten und Herzögen von Sachsen auf. Die alte Albrechts-

burg wurde dafür zwischen 1471 und 1489 durch einen repräsentativen Neubau ersetzt. Dafür hatten die beiden gemeinsam regierenden Söhne Friedrichs des Sanftmütigen Ernst und Albrecht den Baumeister Arnold von Westfalen nach Meißen gerufen, der bis zu seinem Tod 1481 die Bauleitung innehatte. Die neue Albrechtsburg markiert eine Zäsur auf dem Weg von der Burg zum Schloss. Sie gilt als erster Schlossbau Deutschlands überhaupt. Allerdings wurde die Albrechtsburg noch als Wehranlage konzipiert. Sie liegt an der Stelle des Vorgängerbaues auf dem steilen Felsplateau hoch über der Elbe, wirkt aber nach außen hin bereits wie ein modernes Schlossgebäude. Ein noch gotischer Wendelstein erschließt die einzelnen Etagen, die allesamt dasselbe Fußbodenniveau aufweisen. Strebepfeiler wurden nach innen gezogen, sodass nach außen hin glatte Wände das Erscheinungsbild bestimmen. Wegen der Leipziger Teilung 1485 wurde die Albrechtsburg niemals Residenz. Das Innere der Burg war teils unfertig. Um 1525 ließ Herzog Georg der Bärtige den Wappensaal durch Jacob Heilmann von Schweinfurt einwölben und die Reliefs am Wendelstein anbringen. 1645 zerstörten die

Schweden die komplette Innenausstattung. Erst 1676 war das Gebäude wiederhergestellt und erhielt nun den Namen Albrechtsburg. 1710 bis 1863 diente die Burg als Sitz der berühmten Meißner Porzellanmanufaktur, als erste und älteste in Europa. Hier wurde der Landesherr selbst zum Unternehmer. Zu den sagenhaften Überlieferungen, die August dem Starken zugeschrieben werden, gehört der Meißner Fummel, ein fragiles Gebäck aus einem einfachen Nudelteig, dessen Inneres leicht aufgeblasen wird. Ihn sollten die Kuriere des Meißner Porzellans auf dem Weg nach Dresden mit sich führen und bei Bedarf unversehrt vorzeigen, denn seinerzeit ging viel zu Bruch. Das fragile Porzellan aber wurde in Butter gepackt – daher der Ausdruck „Alles in Butter"! Zwischen 1865 und 1870 wurde die Burg saniert und restauriert und erhielt 1872/73 eine historistische Ausmalung. Die Burg wurde dadurch zu einer Gedenkstätte der sächsischen Geschichte, die 1881 eröffnet wurde. Sie dient bis heute als Museum. Die Neugründung des Landes Sachsen fand am 3. Oktober 1990 auf der Albrechtsburg statt.

BURG MYLAU

Burg Mylau ist die größte vollständig erhaltene Burganlage im sächsischen Vogtland. Sie liegt auf einem Felssporn und entstand um 1180. Ihre erste urkundliche Erwähnung erfolgte 1212. Bereits 1214 nennen die Urkunden die von Milin und Heinricus und Eberhardus de Milin als Reichsministerialen der Burg. 1323 belehnte König Ludwig der Bayer den Vogt Heinrich II. Reuß von Plauen mit der Stadt Reichenbach (oppidum Rychenbach) und der Burg Mylau (castrum Mylin) als Reichslehen. Doch die Freude währte kurz, denn es gelang dem böhmischen König Karl IV. gegen Mitte des 14. Jh. bereits den Reußen Mylau wieder zu entreißen. 1367 hielt sich Karl IV. auf Burg Mylau auf. Unter böhmischer Herrschaft, die bis 1422 andauerte, wurde die Burg ausgebaut und die Vorburg, der so genannte Zwinger, errichtet. 1422 verpfändete König Sigismund Burg Mylau als Dank für Hilfen im Kampf gegen die Hussiten an die Markgrafen Wilhelm und Friedrich d. J. von Meißen. Mylau fiel also an die Wettiner und blieb dort. 1460 gelangte Mylau an die Herren von

Metzsch. Unter ihnen vollzog sich der allmähliche Wandel der Burg zum Wohnschloss. Dabei wurde der Wendelstein errichtet und der Palas um ein Geschoss erhöht. Joseph Lewin Metzsch war ein Förderer der Reformation. Unter ihm wurde Mylau zum Zentrum geistigen Lebens. Ende des 18 Jhs. stand das Burg-Schloss leer und wurde zwischen 1809 und 1831 unter Christian Gotthelf Brückner zum Sitz der heute ältesten Baumwollspinnerei des nördlichen Vogtlan-

---

Sicht auf Burg Mylau von Westen

des. Die Rettung der Anlage erfolgte zwischen 1892 und 1908, als die Stadt Mylau das Objekt erwarb und dort das Rathaus, ein Museum und die Schlossschenke unterbrachte. Der historisierende Umbau erfolgte unter mehreren Architekten: Verwaltungsbau von 1907 (Ernst Kühn / Paul Schmidt), Trauzimmer an Stelle der alten Burgkapelle von 1894–96 (Franz Xaver Zettler). Der Neo-Renaissancesaal von 1896 bewahrte dabei Renaissancekonsolen des 16. Jh. Die Nutzung der Burg als Rathaus endete 1995. Das Museum war zwischen 1956 und Anfang der 1990er-

Jahre Teil des Kreismuseums Reichenbach. Seit 2010 setzt der verantwortliche Verein „futurum Vogtland e.V." ganz neue Akzente. Mit der Sanierung der Oberen Burg 2013/14 für die museale Nutzung ist ein völlig neuer Erlebnisraum für die zahlreichen Besucherinnen und Besucher entstanden. Neben dem Museum Burg Mylau lädt seit 2020 auch die Begegnungsstätte „Kulturweg der Vögte" nach Mylau ein. Das grenzübergreifende Projekt hat auf tschechischer Seite in Burg Seeberg seine Entsprechung.

BURG UND KLOSTER (OYBIN)

Ein Kleinod unter den Baudenkmälern sind Burg und Kloster auf dem 514 Meter hohen Oybin. Die Ruine vor dem Hintergrund einer bezaubernden und einmaligen Berglandschaft hat im Zeitalter der Romantik zahlreiche Maler wie Caspar David Friedrich, Ludwig Richter oder Carl Gustav Carus auf den Oybin gelockt. Im 19. Jh. wurde der Ort auch als touristisch entdeckt und zum Ausgangspunkt für den Wintersport. Viel älter als die Burg- und spätere Klosteranlage ist die bronzezeitliche Höhensiedlung aus der Zeit um 900 v. Chr. 1311–16 ließ Heinrich von Leipa die Burg errichten. Er wirkte als oberster Marschall von Böhmen. Erhalten blieben neben den Tortürmen, der Zwing- und der westlichen Burgmauer ein am Westrand gelegenes Gebäude und das Haus vor der Kirche. 1319 gelangte die Burg an

Heinrich I, Herzog von Jauer aus dem Geschlecht der schlesischen Piasten. Als Heinrich 1346 ohne Erben starb, fiel Oybin an die böhmische Krone zurück. Karl IV., seit 1346 römisch-deutscher König und seit 1347 auch böhmischer König, wirkte selbst in Oybin. In direkter Nachbarschaft zur Burg ließ er ab 1364 die Burg weiter ausbauen. Dabei entstand das Kaiserhaus

---

Blick auf den Berg und Burg Oybin in Zittauer Gebirge

und ab 1365 ein Cölestinerkloster. Die Fertigstellung der Kirche 1384 erlebte Karl nicht mehr. Das ehedem viergeschossige Wohnhaus für Karl IV. wurde 1497 zur Wohnung des Priors umgebaut. Erhalten blieb davon nur die Nordwand. Die Klosterkirche erinnert an die Prager Apollinariskirche. Schüler von Peter Parler von Gmünd haben den gewaltigen 22,5 Meter hohen,15,4 Meter langen und 10,75 Meter breiten Bau errichtet. Das Kloster wurde in der Reformation 1546 aufgelöst und 1559 komplett aufgegeben. 1577 vernichtete ein Brand weite Teile, 1681 folgte ein Felssturz. Danach wurde die Ruine von Burg und Kirche als Steinbruch genutzt, bis die Romantiker Oybin wiederentdeckten. Im jährlichen Wechsel finden auf dem Oybin jeweils im Juli das Burgfest bzw. die Klosternacht statt. Die Popularität von Oybin und seiner eindrucksvollen Berglandschaft ist bis heute ungebrochen. Seit 1890 trägt dazu auch die Zittauer Schmalspurbahn bei, die Oybin mit dem nur 13 Kilometer entfernten Zittau verbindet.

BURG SCHARFENSTEIN

Burg Scharfenstein über dem Zschopautal wirbt heute als Familienburg. Tatsächlich bietet das dort untergebrachte Weihnachts- und Spielzeugmuseum Erlebnisse für große und kleine Kinder sowie junggebliebene Erwachsene. Hierzu gehören ein Mittelalter-Dorf im Burggarten und Mitmach-Ausstellungen im Burginneren. Nicht nur Kinderaugen leuchten beim Anblick von Weihnachtspyramiden, Schwibbögen und Räuchermännchen und einer schier unzählbaren Schar von Weihnachtsengeln aus dem Weihnachtswunderland Erzgebirge. Hinzu kommt, dass der „Robin Hood" des Erzgebirges in Gestalt von Karl Stülpner am Fuße der Burg geboren wurde. Ihm, der sich im 18./19. Jh. als Lebenskünstler, Schmuggler und Wildschütz verdingte und gegen die verhasste Obrigkeit aufbegehrte, wird im Museum gedacht. Seine im fortgeschrittenen Alter erzählten Geschichten haben stark zum „Stülpner-Mythos" beigetragen und überlieferten eine Gestalt, die als Volksheld in die Geschichtsbücher einging. Doch Scharfensteins Burggeschichte war nicht immer so ungetrübt.

Um 1349/50 wurde die Anlage in Gestalt einer Spornburg erstmals urkundlich als markgräfliches Lehen im Besitz der vormals reichsunmittelbaren Herren von Waldenburg erwähnt. 1439 verkauften die Waldenburger die Burg an die Wettiner. Als Lehen gelangte sie dort 1492 an die von Einsiedel, die sie bis 1931 ununterbrochen in Besitz behielten. Die ältesten Teile der Burg stammen aus dem 13. Jh. (Bergfried), dem späten 15. Jh. und aus der Zeit um 1531. Im 18. Jh. gelangte Scharfenstein in den Mitbesitz von Friedrich Hildebrand von Einsiedel, Kammerherrn von Herzogin Anna Amalia von Sachsen-Weimar-Eisenach. Der späterhin erste Präsident des Jenaer Oberappellationsgerichtes wirkte als Schriftsteller und gehörte zum Freundeskreis von Herzog Carl August und Goethe. Nach Scharfenstein, dessen Namen er im Titel eines Freiherrn von Einsiedel-Scharfenstein trug, kam er selten. Im Juni 1921 brannten weite Teil der Burg aus und wurden bis 1923 teils durch den Architekten und Burgenrestaurator Bodo Ebhardt wiederhergestellt. 1931 wurde Scharfenstein versteigert und gelangte an den Industriellen Fritz Eulitz. Er richtete hier eine Vogelschutzwarte ein. 1945 wurde auch Burg Schar-

Burg Scharfenstein im Erzgebirgskreis

fenstein enteignet und gelangt zunächst an die Wismut AG. Das Bergbauunternehmen in Gestalt einer sowjetisch-deutschen Aktiengesellschaft richtete hier eine Bergschule ein. 1951 folgte ein Kinderheim für schwererziehbare Jungen, aus dem 1967 ein Jugendwerkhof hervorging, der bis 1990 bestand. Mit der Übernahme durch den Freistaat erfolgten eine Sanierung und Restaurierung, mit der auch wieder ein positiver Geist in die Anlage einziehen konnte. Heute kann man auf Burg Scharfenstein feiern und den Bund fürs Leben schließen!

BURG UND FESTUNG SONNENSTEIN (PIRNA)

Östlich der Altstadt erhebt sich die ehemalige Festung Sonnenstein über Pirna. Sie liegt auf einem Felsplateau rund 70 Meter über der Elbe. Die erste urkundliche Erwähnung eines „castrum Pirne“ erfolgte 1269. Den heute charakteristischen Namen erhielt die Anlage zu Beginn des 17. Jhs. Tatsächlich bestand hier oben zunächst eine Burg, die als Grenzburg zwischen der Mark Meißen und dem König-

Blick auf die sanierte Anlage der Festung Sonnenstein

reich Böhmen entstanden war. Von 1293 an befand sich die Burg in böhmischem Besitz, wurde jedoch mehrfach als Lehen vergeben. 1405 gelangte sie an die Markgrafen von Meißen. Zur Burganlage gehörte ein Bergfried und ein massives Wohngebäude. In den 1470er-Jahren kam eine steinerne Kemenate hinzu. Ein Brand 1486 sowie ein verheerendes Unwetter 1489 vernichteten die Burg und ließen eine Ruine zurück. Unter Herzog Albrecht dem Beherzten begann 1491 der Wiederaufbau. Unter Kurfürst Moritz wandelte sich die Burg zum Schloss. Er ließ durch den Oberzeug- und Baumeister Heinrich Caspar Vogt von Wierandt ein „festes Haus" errichten. Unter Kur-

fürst August wandelte sich die Gestalt erneut, denn er ließ zwischen 1570 und 1573 durch den italienischen Festungsbaumeister Rochus zu Lynar und Hans Irmisch die erste Festung auf dem Sonnenstein errichten. Sie wurde sächsische Hauptfestung und verfügte über mehrere Bastionen und drei Türme. Jenseits dieser Festung ließ Kurfürst Christian I. nach 1588 ein Jagdschloss errichten, dem Kurfürst Christian II. im Schlossgarten 1604 ein Lusthaus hinzufügte. Dieses von Melchior Brenner errichtete Gebäude wurde im Dreißigjährigen Krieg 1639 zerstört. Ab 1668 wurde die Anlage zur Landesfestung weiter ausgebaut, erhielt 1668 das „neue Werk am Schlosse" und 1672 den „Wall auf dem Schlosse". Eine weitere Verstärkung der Festung begann 1675 unter Wolf Caspar von Klengel. Er ließ u. a. das Kommandantenhaus im äußeren Hof errichten. Jean de Bodt fügte um 1736 die Neue Kaserne und den Nord- oder Elbflügel hinzu. 1764 wurde die Festung aufgehoben. Ein Teil der Festungsanlagen war zuvor unter Marschall Daun im Siebenjährigen Krieg gesprengt worden. 1811 wurde unter dem Arzt Ernst Gottlieb Pienitz auf dem Areal eine Heil- und Pflegeanstalt eingerichtet. Dafür entstanden neue Gebäude. Bestandsbauten wie die Alte Kemenate wurden ebenfalls durch Neubauten wie das Beamtenwohnhaus von 1865 ersetzt oder zum Verwaltungsgebäude umgebaut, wie das Kommandantenhaus 1870. 1940/1 wurde auf dem Sonnenstein die NS-Euthanasie-Tötungsanstalt eingerichtet. Hier ermordeten die Nationalsozialisten rund 14.000 Menschen. Bei der so genannten Aktion T 4 wurden reichsweit über 70.000 Menschen mit körperlichen, geistigen oder seelischen Behinderungen ermordet. T 4 steht dabei für die Berliner Zentraldienststelle Tiergartenstraße 4. In Haus C 16 in Sonnenstein ist heute eine Gedenkstätte untergebracht. Die früheren Teile der Festung werden seit 2011 vom Landratsamt Sächsische Schweiz-Osterzgebirge genutzt. Seit 2012 können auch die ehemaligen erhaltenen Bastionen besichtigt werden. Die dort verwilderten einstigen Terrassengärten wurden freigelegt und touristisch erschlossen.

BURG ALTSCHÖNFELS (SCHÖNFELS)

Burg Altschönfels liegt knapp zehn Kilometer südwestlich von Zwickau. Sie gehört ähnlich Kriebstein zu den besterhaltenen Burgen in Sachsen und weit darüber hinaus. Als Höhenburg beherrscht sie auf einem Diabas-Tuff-Kegel bei 393 Meter über NHN weithin die Landschaft. Um 1180 wurde sie als Grenzburg errichtet und durch einen Graben und einen Wall gesichert. Sie wurde zum Mittelpunkt einer Kolonisationsherrschaft und war von Rodungsdörfern umgeben, die das so genannte Talsystem der oberen Pleiße mit Werdau umfassten. Gegründet wurde die Burg vermutlich von den Vögten von Weida. Die erste urkundliche Erwähnung findet sich 1225 bei Bischof Engelhard von Naumburg. 1354 erkannten die Vögte die Oberlehnsherrschaft der Markgrafen von Meißen an. Infolge des Todes von Heinrich Reuß von Plauen, der 1398 kinderlos verstorben war, fiel Burg Altschönfels an die Wettiner, die die Burg an Dietrich von der Planitz gaben. 1535 wurde die Herrschaft Schönfels in Alt- und Neuschönfels geteilt, wobei die

Burg fortan zu Altschönfels gehörte. Später wechselte sie öfter den Besitzer, bis sie 1770–1945 an die Familienstiftung von Römer gelangte. Das Besondere der Burg ist bis heute ihre bauliche Geschlossenheit. Bis auf die Behebung von Kriegsschäden des Dreißigjährigen Krieges zwischen 1640 und 1651 erfolgten keine größeren baulichen Eingriffe mehr. Einzig der Zugang zur Burg änderte sich später, als im 19. Jh. ein

Blick auf Burg Altschönfels

ihr vorgelagerter Bärenzwinger errichtet wurde. Die längliche Kernburg ist um zwei Höfe angelegt und nimmt in ihrer Mitte einen 25 Meter hohen Bergfried auf. Er wurde 1730 um gut sechs Meter reduziert. Die rund 8,50 Meter tiefe Torhalle ist im Kern noch romanischen Ursprungs. Über der Einfahrt liegt die um 1480 entstandene, quadratische und mit einem Kreuzgewölbe überspannte Burgkapelle. Sie birgt einen Renaissanceflügelaltar von Mathias Crodel d. J. aus der Zeit um 1600. Weiterhin beachtlich ist die ebenfalls um 1480 entstandene Kemenate im Nordflügel in Gestalt einer Bohlenstube mit spätgotischer Kielbogentür. Die reich verzierte Kanzel datiert ins erste Viertel des 17. Jhs., die einmalige barocke Schrank-Holzorgel auf der Empore in die Zeit um 1730. Sie verfügt über gerade sechs Register auf zwei Manualen und wurde 1985–87 wiederhergestellt. Burg Altschönfels dient seit 1975 als Museum und ist bewirtschaftet.

BURGRUINE STADT WEHLEN

Eine Besucherin bemerkte 2023 bei der Fährüberfahrt von der linkselbischen Bahn-Station nach Stadt Wehlen: „Was für eine schöne Aussichtsterrasse über dem Ort!" Was entgegnet man da, wenn man zufällig Zeuge wird. Man schmunzelt und sagt ungefragt „Man könnte sie auch Burg(ruine) nennen!" Tatsächlich erinnert heute wenig an die stolze Burg auf dem Bergsporn oberhalb des Ortes. Dafür fasziniert die Aussicht über das Elbtal! Erstmals urkundlich erwähnt wurde die Burg als „Castrum Wylin" im Dezember 1269. Erbaut worden ist sie wohl bereits zum Beginn des 12. Jhs. 1245 gelangte sie in meißnischen Besitz. Zuvor hatte sich die Burg im Besitz König Wenzels I. von Böhmen befunden. Als Lehen gelangte Wehlen zunächst an die Familie von Saalhausen, später an die Familie von Köckeritz und ab 1522/23 an die Herren von Schönburg. 1543 fiel die Burg Wehlen unter Kurfürst Moritz in landesherrlichen Besitz. Die von Schönburg erhielten im Tausch die Herrschaft Penig und den Ort Zschillen mit dem von Moritz säkularisierten, vormalig gleichnamigen Kloster. Der Ort änderte seinem Namen in Wechselburg, lediglich Altzschillen behielt bis heute seinen Namen! Wehlen wurde Teil des Amtes Lohmen. Die Burg verfiel unter den Wettinern zu Beginn des 17. Jh. allmählich. Der Ort Wehlen wurde 1445 erstmals als oppidum – Stadt – bezeichnet und begann sich erst im 19. Jh. im Zeitalter der Romantik zu entwickeln. Maler wie Caspar David Friedrich hatten das Elbstandsteingebirge als zauberhafte Orte der Romantik entdeckt und bekannt gemacht. Wehlen wurde einer der beliebten Ausflugsorte im Elbtal. Den heutigen Namen Stadt Wehlen führt die 1555 Einwohner (2021) zählende Gemeinde erst seit 1994. Die Burgfreunde Wehlen rissen 2017 die Überreste der Burg aus ihrem unfreiwilligen Dämmerzustand. Das heute von Wildwuchs gerodete 85 Meter lange und 16 Meter breite Plateau birgt nurmehr Grundmauern eines Turms und Kellers und befindet sich im Besitz der Stadt, während eine rückwärtig erhaltene und Trommel genannte einstige Bastion in Privatbesitz ging und bewohnt

wurde. Erstmals hatte der örtliche Gebirgsverein Ende des 19. Jhs. die Keller freigelegt. In den 1960er Jahren wurde jedoch der erhaltene Turmrest gegen den heftigen Protest der Bevölkerung abgebrochen und die Keller mit dem Bauschutt wieder verfüllt. Das Ziel des Vereins ist, dem Ort sein charakteristisches gewachsenes Erscheinungsbild mit Burgruine und Turm wiederzugeben.

Restaurierte Überreste der Burg Wehlen.

BURG UND FESTUNG STOLPEN

Die Burgstadt Stolpen erhebt sich an und auf einem rund 350 Meter hohen Basaltkegel. Sie lag am Schnittpunkt der wichtigen West-Ost und Nord-Süd-Verbindungen von Halle nach Schluckenau (tschech. Sluknov) in Böhmen (Salzstraße) und von Pirna nach Bautzen. Die Burg lag im Grenzgebiet zwischen Meißen und Böhmen und war im Rahmen des Landesausbaues der Bischöfe von Meißen um 1200 entstanden. 1218 gelangte das Lehen des Sorben Moyko de Stulpe an den meißnischen Bischof Bruno II. von Porstendorf zurück. 1222 wurde die Burg erstmals urkundlich erwähnt. Die Bischöfe nutzten Stolpen häufig als Aufenthaltsort, der seit 1365 ständig bischöflichen Hauptleuten unterstand. Zeitweilig befand sich hier auch das geistliche Gericht des Hochstiftes Meißen. Im 16. Jh. residierten zwei Bischöfe komplett in Stolpen und wurden in der unterhalb gelegenen Stadtkirche bestattet. Bereits 1451 war die Burganlage ausgebaut worden, 1476–87 der Schlösser-, 1509 der Johannis- (Coselturm) und

Burgturm und Eingang Burg Stolpen

1512 der Barbaraturm entstanden. Unter den Bischöfen war auch die Burgkapelle erbaut und 1471 als St.-Barbara- und Erasmus-Kapelle geweiht worden. 1539, dem Jahr der Einführung der Reformation im albertinischen Sachsen, wurden die wertvollsten Reliquien des Meißner Doms in Burg Stolpen verwahrt. Weihnachten 1558 besetzte Kurfürst August im Verlauf der Carlowitzschen Fehde Stolpen mit seiner Burg. Es gehörte fortan den Wettinern. Kurfürst August und seine Frau Anna hielten sich gern in Stolpen auf. Die Kurfürstin in der Burg richtete ein Laboratorium ein. Im 17. Jh. wurde Burg Stolpen durch Wolf Caspar von Klengel zur Festung ausgebaut, darunter die so genannte Klengelsburg auf der Ostseite sowie das Festungstor. 1716 verbannte August die wohl berühmteste Mätresse Sachsens Anna Constantia Gräfin Cosel als Staatsgefangene in die Festung, wo sie das Zeughaus bezog. Hier hielt sie sogar Hof, ihr Vermögen und ihre Güter wurden ihr belassen und ihre Kinder am Dresdner Hof erzogen. Als man 1743 ihre Internierung aufhob, blieb sie in Stolpen, letztlich 49 Jahre ihres Lebens. In den Johannisturm zog sie erst, als das für sie umgebaute Zeughaus durch

Blitzschlag zerstört worden war. 1765 starb Anna Constantia von Cosel im Alter von 84 Jahren in der Festung Stolpen. In der Kapelle wurde sie auch beigesetzt. Danach verfiel die aufgelassene Festung in Teilen, wurde jedoch 1813 durch Napoleon zunächst nochmals reaktiviert. Bei seinem Rückzug ließ er die Festung sprengen, wobei der Kapitelsturm, das Bischofshaus, die Kapelle und der doppelte Wehrgang zerstört wurden. 1859 setzten erste Restaurierungsarbeiten ein. 1877 konnte die Burg dann zur öffentlichen Besichtigung freigegeben werden. Freigelegt wurde 1883 der verschüttete, knapp 85 Meter tiefe Burgbrunnen. Er gilt als tiefster natursteinbelassener Brunnen weltweit. Heute ist die Festung Stolpen ein vielbesuchtes Museum.

Portrait der Anna Constantia Reichsgräfin von Cosel (1680–1765)